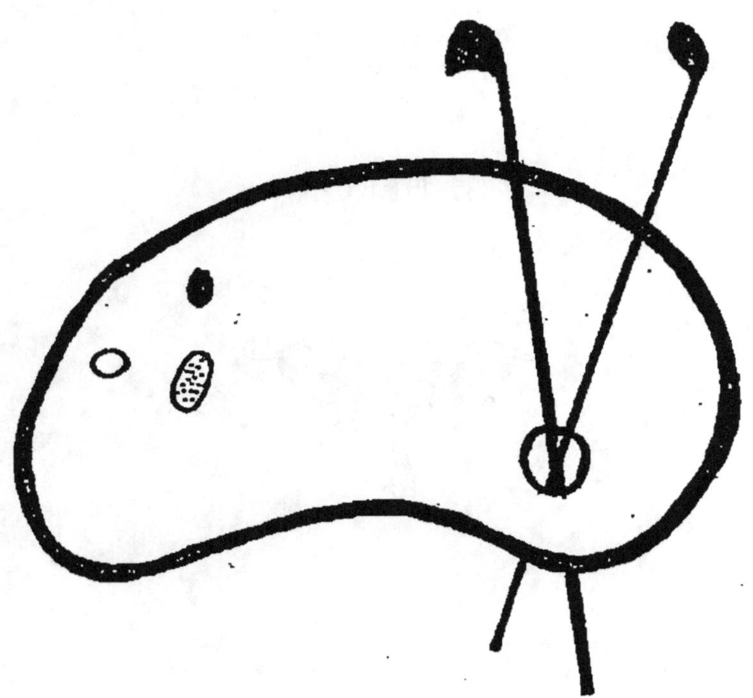

DEBUT D'UNE SERIE DE DOCUMENTS
EN COULEUR

M. GEORGES RÉVOIL

ET LE

Pays des Çomalis

PAR

A. HÉRON

ROUEN

IMPRIMERIE DE ESPÉRANCE CAGNIARD

Rues Jeanne-Darc, 88, et des Basnage, 5

—

1884

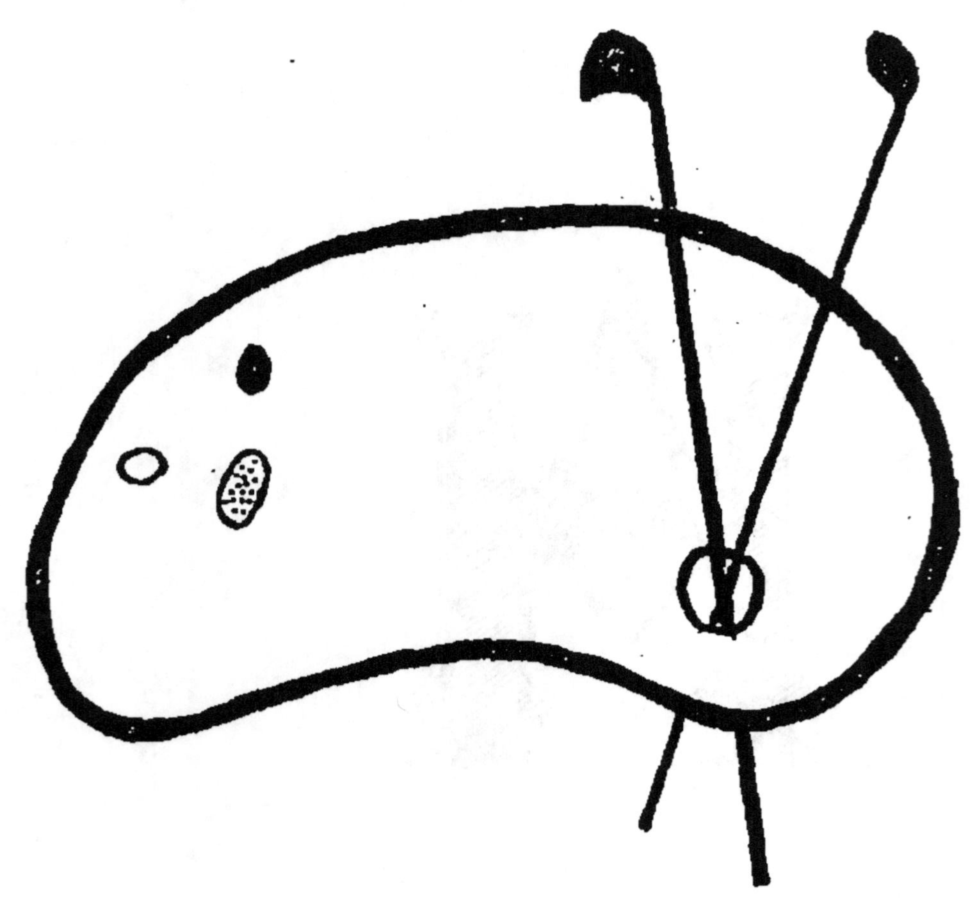

FIN D'UNE SERIE DE DOCUMENTS
EN COULEUR

M. GEORGES RÉVOIL

ET LE

Pays des Çomalis

PAR

A. HÉRON

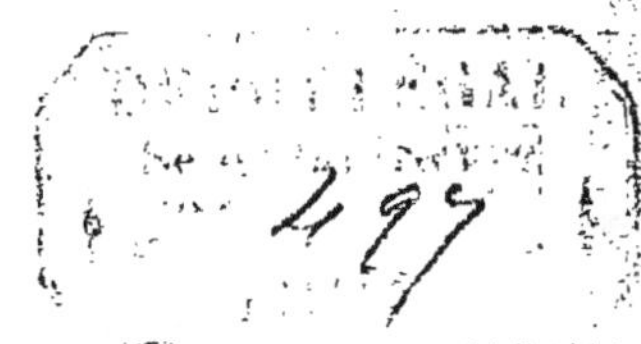

ROUEN

IMPRIMERIE DE ESPÉRANCE CAGNIARD

Rues Jeanne-Darc, 88, et des Basnage, 5

1884

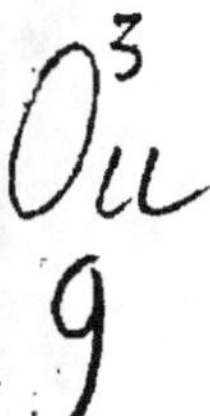

M. GEORGES RÉVOIL

ET

LE PAYS DES ÇOMALIS

A Société normande de Géographie n'a pas perdu le souvenir de sa séance solennelle du 12 mai 1882, dans laquelle un de nos plus courageux et de nos plus intelligents explorateurs, M. Georges Révoil, vint faire, dans une conférence vivement applaudie, le récit d'un voyage entrepris par lui au pays des Çomalis.

Le trop rapide exposé que M. G. Révoil nous fit entendre, était le résumé d'un ouvrage qu'il a publié en 1882, sous ce titre : *la Vallée du Darror, voyage aux pays çomalis* (1). Est-il trop tard de venir vous en entretenir aujourd'hui ? je ne le pense pas. L'ouvrage de M. Révoil n'est pas de ceux dont il faut se hâter de parler, parce qu'ils ne présentent qu'un intérêt fugitif et que l'oubli les accueille à peine publiés. Ce beau livre, dont l'auteur a su rendre la lecture si attrayante, et que le

(1) Paris, Challamel aîné, 1882, 1 vol. grand in-8°, xiii-388, avec grav. et carte.

libraire a édité avec tant de goût, on aime à le reprendre
et à le relire. Si l'on songe, d'ailleurs, aux efforts que
l'explorateur, reparti pour les mêmes régions, vient de
faire, sans réussir comme il le désirait, mais aussi sans
renoncer à de nouvelles tentatives, dans le but de conti-
nuer et d'achever son œuvre et d'ajouter quelques cha-
pitres à cette intéressante étude, ne trouvera-t-on pas que
son livre conserve vraiment un caractère d'actualité?
Quand une question est toujours pendante, il n'est jamais
trop tard pour en parler.

M. G. Révoil ne visitait pas pour la première fois, en
1880 et 1881, le pays çomali. Il en a parcouru le littoral, en 1877 et 1878, dans un but purement commercial.
Il a consigné ses observations de toute nature dans un
livre intitulé : *Voyage au pays des Aromates.* Le succès
obtenu par l'intrépide explorateur attira justement sur lui
l'attention de M. le Ministre de l'Instruction publique,
qui le chargea, en 1880, d'une mission dans les régions
qu'il avait déjà visitées et dans les tribus environnantes.
L'œuvre dont je vais rendre compte, *la Vallée du Darror,* contient le récit de ce nouveau voyage, dans lequel
l'auteur a recueilli « des notions fort détaillées sur les
mœurs, les usages, l'origine des populations de la pointe
nord-est de l'Afrique », ainsi que des collections assez
complètes pour donner, dans un ouvrage spécial, une
idée générale de la faune et de la flore de ce pays af-
freux et désolé, dans lequel, nous dit-il, *le seul champ
que l'on cultive est le champ des morts* (1).

(1) Avant-Propos, p. XIII.

Avant d'entrer dans l'examen de l'ouvrage que nous devons à M. G. Révoil, il sera sans doute utile de jeter un coup d'œil général sur le pays des Çomalis, dont notre voyageur n'a visité qu'une faible partie, de chercher quelle connaissance l'antiquité en a possédée, et d'accorder un souvenir aux explorateurs qui, avant ces derniers temps, se sont efforcés, parfois au sacrifice de leur vie, de pénétrer dans ce pays, encore aujourd'hui bien imparfaitement connu.

Lorsqu'après avoir descendu la mer Rouge, on a franchi le détroit de Bab-el-Mandeb, on atteint presque aussitôt la baie de Tadjoura, au nord de laquelle se trouve le comptoir français d'Obock. On est déjà en pays çomali. De là, le rivage sur lequel on rencontre le petit port de Zeilah descend vers le sud-est, mais bientôt il se relève légèrement vers le nord en fuyant dans la direction de l'est; c'est la côte d'Adel qui présente plusieurs ports dont les principaux sont : Berbera, Kerem, Mahet, Lasgoré, Durduri, Bender-Gâzem, Bender-Merâya. A partir de ce point, la côte se redresse davantage vers le nord; puis, au delà de Bender-Felek et du Ras-Felek, elle projette au 12e degré de latitude nord le Ras-Alloula situé auprès de la ville de même nom et redescend légèrement vers le sud-est en passant par Bouah, Béridé, Dama et Olok, jusqu'au terrible Ras-Assir ou cap Jerdaffoun, que nous nommons Guardafui et que l'antiquité a désigné sous le nom de cap des Aromates. C'est de ce point que descend, vers le sud, la côte d'Ajan baignée par l'océan Indien. Elle dessine d'abord une courbe terminée par le Ras-Ali-Bes-Quel, au fond de laquelle on trouve quelques villa-

ges, Token, Khor-Abdaham, Gorgori, Berguel, Dadaballo
et Binnah. Plus bas se dresse la masse du Ras-Haffoûn,
relié au continent par une étroite langue de terre au nord
de laquelle se trouve l'embouchure du Darror. Peu après
la côte s'infléchit dans la direction du sud-ouest qu'elle
suit jusqu'à l'extrémité du territoire çomali. On y trouve
d'abord le Hazine, ou *rivage dur* des Arabes jusqu'au
Ras-el-Khyle, puis le Self Twil, ou *rivage chauve*, et
enfin le Horab ou contrée montagneuse. Les ports de-
viennent rares ; on ne peut guère citer que les mouillages
d'Obbïa, de Sérapion et de Torra; toutefois, dans le
voisinage de l'équateur, s'ouvrent les ports bien connus
de Magadoxo, de Merka et de Brawa; enfin, vers o,15'
de latitude sud, on rencontre l'embouchure du Jub qui
détermine la limite extrême du pays des Çomalis. L'intérieur de cette région est mal connu; les limites qui la
séparent du pays des Gallas, assez flottantes d'ailleurs,
sont incertaines; on les déterminerait à peu près par le
méridien passant par l'embouchure du Jub et l'extrémité
occidentale de la baie de Tadjoura. Je dis à peu près, car
il arrive souvent que les Gallas et les Çomalis se pénètrent et se confondent; il est même des tribus qui pro-
viennent d'un mélange de ces deux peuples, de sorte que
les voyageurs ne sont pas toujours d'accord sur leur caractère.

Avant d'entrer dans l'intérieur du pays, examinons les
renseignements que les anciens nous ont laissés sur les
côtes qui viennent d'être décrites. Dans un de ces excel-
lents articles que M. le vice-amiral Jurien de la Gravière
publie de temps en temps dans la *Revue des Deux-*

Mondes, il rappelle que les Ptolémées, craignant que les Séleucides ne détournassent vers Palmyre, Damas et Antioche, le commerce de l'Asie qui se faisait par la mer Rouge, envoyèrent des voyageurs en Abyssinie. Timosthène doubla même le cap Guardafui ou cap des Aromates, et descendit la côte d'Afrique jusqu'à la pointe septentrionale de Cerné, aujourd'hui Madagascar. D'assez nombreux comptoirs furent établis sur la côte africaine du golfe d'Aden et sur la mer Erythrée, au sud du cap Guardafui ; ils étaient desservis par les Arabes Sabéens qui servaient d'intermédiaires entre l'Egypte et l'Inde (1). Plus tard, sous le règne de l'empereur Claude, « on eut des notions plus précises sur la navigation de la mer Rouge et de l'océan Indien. Un écrivain dont le nom ne nous a pas été conservé, mais que les érudits soupçonnent à bon droit d'avoir été un marchand d'Alexandrie, employé lui-même aux voyages de l'Inde, publia, longtemps après Agatharchides, un nouveau *Périple de la mer Erythrée* (2). » Parmi les comptoirs répandus au delà du Bab-el-Mandeb sur un espace de plus de 400 milles, il cite Avalite que M. Jurien de la Gravière identifie avec Zeilah, Malao, peut-être aujourd'hui Berbera, Mundi, maintenant l'Ile-Brûlée, puis Mosyllus, qui est peut-être le village de Guesele ; puis, non loin du promontoire de l'Eléphant, ou Ras-el-Fil, le grand bois de lauriers Acannæ, seul endroit où l'on puisse se procurer

(1) Jurien de la Gravière, *le Commerce de l'Orient sous les règnes d'Auguste et de Claude, Revue des Deux-Mondes*, 15 novembre 1883, p. 314.

(2) *Ibid.*, p. 316.

le meilleur encens pératique, c'est-à-dire recueilli en dehors du détroit; ensuite, le promontoire Tabæ, sous lequel se trouvait le dernier comptoir d'aromates, et enfin le dangereux cap des Aromates, Guardafui (1). De là, en descendant vers le sud, le long de la côte d'Ajan, autrefois Azanie, on trouvait le comptoir d'Oponé, au sud du Ras-Haffoûn, et enfin, après une côte rocheuse et inhospitalière, le *drome* de Sérapion et celui de Nicon que Charles Muller identifie avec le mouillage de Torra (2).

Dans notre temps, de nombreux voyageurs ont cherché à pénétrer dans l'intérieur du pays des Çomalis; le succès n'a pas, en général, été en proportion de leurs efforts. Ils avaient été précédés dans cette voie, dès le xvie siècle, par quelques Portugais qui, d'ailleurs, paraissent avoir plutôt visité les Gallas voisins des Çomalis. C'est ainsi que nous devons quelques renseignements sur ces régions à Jorge d'Abreu, 1525; à Antonio Fernandez, 1613, et au père Lobo, 1624 (3). Les explorations n'ont été ensuite reprises chez les Çomalis et les Gallas que dans notre siècle.

En 1843, le lieutenant de la marine anglaise Christopher, s'efforça de pénétrer dans l'intérieur du Çomal,

(1) Jurien de la Gravière, *le Commerce de l'Orient sous les règnes d'Auguste et de Claude, Revue des Deux-Mondes*, 15 novembre 1883, p. 321-322.

(2) *Ibid.*, p. 325-326.

(3) *Somal and Galla Land; Embodying information collected by the Rev. Thomas Wakefield. By E. G. Ravenstein.* Proceedings of the royal geographical Society (Londres), t. vi, n° 5, mai 1884, p. 256.

à trois reprises différentes, en partant de Brawa, de Merka et de Magadoxo, dans la région voisine de l'équateur; il explora le cours inférieur du Webi-Shabeela qu'il nomma la rivière de Haines, et que d'autres explorateurs appellent Webi-Doboï. Un Français, M. Guillain, visita la même rivière en 1847 et détermina la latitude de Guélidi. Sans avoir exploré l'intérieur, M. Léon des Avanchers augmenta les connaissances déjà acquises par les précieux renseignements qu'il obtint des indigènes. En 1865, le baron von der Decken remonta le Jub jusqu'au delà de Bardera, dans une expédition hardie où il trouva la mort, et depuis le colonel Long a remonté cette même rivière jusqu'à une distance considérable de la côte.

Dans la partie septentrionale du Çomal, le lieutenant C.-J. Cruttenden atteignit, en 1848, le sommet de l'Aïrensid, où nous retrouverons M. G. Révoil, et put ainsi plonger ses regards dans la vallée du Darror. Six ans après eurent lieu les explorations du capitaine Speke; en 1855, le capitaine Burton atteignit la ville d'Harrar, où aucun Européen n'avait pénétré avant lui. Vinrent ensuite les voyages d'Heuglin (1857), du capitaine S.-B Miles (1871), d'Hildebrand (1873), de Haggemacher (1874), qui parvint jusqu'aux limites des Ogaden, de Graves (1879), et enfin de M. G. Révoil qui, dans trois expéditions successives, de 1878 à 1881, a certainement plus fait pour la connaissance du Çomal que tous ses prédécesseurs (1).

(1) *Somal and Galla Land*, etc. Proceedings of the royal geographical Society (Londres), t. VI, nᵒ 5, mai 1884, p. 257.

D'autres tentatives ont été faites pour pénétrer dans le pays des Gallas et des Çomalis, en partant soit de l'Abyssinie, soit de la ville d'Harrar. Elles ont, en général, échoué, et quelques-unes ont coûté la vie à leurs courageux auteurs. Giuletti, à qui l'on doit une carte de son itinéraire à partir de Zeilah (1879), a été tué dans l'Afar. En 1881, le Français Luceran a été massacré par les Gallas à peu de distance d'Harrar. Le même sort a été réservé, en 1883, à Sacconi, parvenu, à travers le pays des Ogaden, jusqu'à vingt journées de marche au sud de la même ville. Le Grec Lazzaro Panajosi a été, peu de temps après, également victime de son dévouement à la science géographique. Plus heureux ont été le capitaine Cecchi qui a pu, en 1822, déterminer la latitude d'Harrar, et le père Taurin qui a réussi à recueillir quelques renseignements sur la région habitée par les Gallas à l'ouest de cette ville. Plus heureux, M. Rimbaud, voyageur au service de la maison Mazeran, Bardey et Cᵉ, qui a pu, dit-on, revenir sain et sauf d'une excursion faite chez les Ogaden en plein pays çomali (1).

Consigner ici, même en les résumant rapidement, les faits qui nous ont été transmis par ces divers explorateurs, m'entraînerait trop loin. J'ai hâte de m'engager avec M. G. Révoil sur la route de la vallée du Darror et de faire connaissance avec les populations qui habitent entre ce fleuve et la côte du golfe d'Aden.

Parti de Marseille le 14 juillet 1880, M. G. Révoil débarqua d'abord à Aden, dont il nous fait une description

(1) *Somal and Galla Land*, etc. Proceedings of the royal geographical Society (Londres), t. VI, nᵒ 5, mai 1884, p. 258.

pittoresque, et se rendit de là sur la côte d'Adel, à Bender-Merâya, où il arriva le 14 septembre.

Bender-Merâya, ou simplement Merâya, le mot Bender signifiant ville, peut donner une idée de la plupart des localités de ce malheureux pays. C'est un assez misérable amas de cases qu'un coup de khamsin ne tarde pas à disperser, avec quelques fortins et quelques mosquées d'une construction un peu plus solide. Merâya appartient à la tribu des Medjourtines. Si l'on en croit la tradition, le pays, habité maintenant par les Çomalis, était occupé primitivement par des Gallas et des Farsis. L'islamisme fut prêché dans le Çomal en l'an 85 de l'hégire par l'Arabe Darot qui vécut, miraculeusement nourri par la main de Dieu, dans les grottes du Gebel-Addé, au voisinage du cap Guardafui. Un de ses descendants, Hurti ou Jabarti-ben-Ismaïl, eut, dit-on, quatre fils, Medjourtine, Déchichi, Ouarsanguéli et Dolbohante, pères des quatre tribus, ou plutôt des quatre peuplades de ce nom, divisées elles-mêmes en un grand nombre de tribus secondaires (1). Les Medjourtines s'étendent, sur la côte du golfe d'Aden, depuis la lagune de Bender-Ziadah jusqu'au cap Guardafui, et, sur la côte de l'océan Indien, depuis Guardafui jusqu'au delà de la vallée du Nogal. Les Déchichi ont fusionné avec les Medjourtines.

Séparés de ces derniers par la lagune de Bender-Ziadah, les Ouarsanguélis habitent le littoral qui s'étend à l'ouest de ce point et pénètrent jusqu'à la vallée supérieure du Darror, au delà des monts Almedo.

(1) *La vallée du Darror*, p. 36.

Quant aux Dolbohantes, ils occupent la région des monts de Karkar qui séparent la vallée du Darror de celle du Nogal et peuplent cette vallée, mais sans s'étendre jusqu'à l'océan Indien, dont les Medjourtines occupent, comme nous l'avons dit, le littoral.

Les Medjourtines obéissent à un sultan. Osman Mahmoud, qui possède actuellement ce titre, n'est pas encore parvenu à sa majorité; le pouvoir appartient à son tuteur Noûr Osman, « le seul homme de quelque valeur, dit M. Révoil, que j'aie rencontré parmi ce peuple sauvage. La réflexion qu'il apporte à chacun de ses actes, l'autorité de ses discussions au sein des conseils révèlent une grande énergie et des tendances à asseoir en Medjourtine une organisation politique solide et capable d'assurer dans ce malheureux pays une tranquillité analogue à celle dont jouissent les populations de la côte d'Arabie, avec lesquelles il est en rapport (1). »

Noûr Osman habite, au sud du cap Guardafui, sur la côte de l'océan Indien, le petit port de Berguel, où l'on trouve au plus quarante habitants, tous employés au service de deux ou trois Arabes trafiquants. La description de la demeure de ce chef important entre tous parmi les Medjourtines donnera une idée du comfort qu'un voyageur peut espérer trouver dans ce pays.

« Je supposais, dit M. G. Révoil, que ce haut personnage avait une installation digne de lui. Sa hutte, tout aussi modeste que celle des autres Çomalis, comporte seulement quelques accessoires de plus. C'est le véritable

(1) *La vallée du Darror*, p. 39.

gourgui, c'est-à-dire une sorte de ruche ronde, formée par des cerceaux en bois et en joncs entourés de cuir, supportés par des bâtons croisés et une flèche centrale. Les peaux de bœufs et les nattes en paille et en écorce qui la recouvrent la rendent imperméable, même aux plus fortes pluies. De nombreuses calebasses pour le lait, pour la graisse, des sacs de cuir pour le linge, le tout recouvert de cauries, la selle et la bride, les armes du guerrier en décorent l'intérieur. Dans le milieu, deux grands tapis en peaux de chevreaux servent de couchette. Dans un coin, une marmite en terre repose sur trois pierres, à côté de quelques plats de bois. Voilà le mobilier de Noùr Osman, qui a cependant eu en mains toute la lingerie et les beaux services de plusieurs superbes paquebots de diverses nationalités, naufragés à Guardafui (1). »

Le célèbre cap des Aromates jouit, en effet, d'une triste renommée, et ce n'est pas sans raison qu'il est redouté des navigateurs. Mais les Medjourtines savent, tout comme les peuples civilisés, qu'à quelque chose malheur est bon, et ils ne laissent pas échapper l'occasion de s'en faire des rentes. A peu de distance au sud de Guardafui se trouve le village de Tohen, « pauvre amas de huttes construites avec les épaves des navires naufragés et recouvertes en *macoutis* (2) de palmier. Il n'y a ni fort ni mosquée en pisé comme dans les autres ports, bien que les habitants soient assez nombreux. On sent qu'ils

(1) *La vallée du Darror*, p. 54.

(2) Nom employé à Zanzibar pour désigner les toitures des cases en feuilles de palmiers. (Note de M. G. Révoil.)

sont là pour ainsi dire à l'affût de quelque sinistre maritime leur apportant de riches épaves.

« Un auteur parle même d'un cheik établi à Tohen, qui passerait sa journée à invoquer Mahomet afin que le prophète, exauçant ses prières, envoie nombre de bâtiments à la côte. » M. G. Révoil déclare que, pour sa part, il n'a pas eu l'occasion de constater l'existence de ce singulier personnage (1). »

Je ne serais pas, moi, bien éloigné de croire qu'il existe, et ces mœurs, quelque étranges qu'elles soient, n'ont rien qui doive nous surprendre, si nous voulons nous souvenir que, dans des temps qui ne sont pas encore bien reculés, les paysans de notre Bretagne ne se bornaient pas à piller les navires naufragés, mais les aidaient encore très ingénieusement à se briser sur leurs côtes.

Nous allons maintenant suivre rapidement M. G. Révoil dans ses diverses explorations, et relever chemin faisant ses observations les plus importantes.

Dans la première de ces explorations, notre voyageur part de Merâya le 23 septembre 1880; il accompagne le jeune sultan Osman Mahmoud qui se dirige vers l'est en longeant le littoral; il passe par Guesli, Bender-Felek; il double par mer Ras-Felek et Alloula dont le chef Yousouf Ali s'est déclaré indépendant du sultan des Medjourtines, atteint Bouah, Béridé, établi au pied du Gebel-Addé, puis Dama et le port d'Olok, « deux agglomérations de misérables huttes servant de pied-à-terre aux pêcheurs et aux marins qui viennent reconnaître

(1) *La vallée du Darror*, p. 38.

Guardafui, soit de l'Arabie, soit de Socotora. » Il est
arrivé au sommet du Ras-Assir ou cap Guardafui. De là,
il continue sa marche vers le sud, passe par Tohen, où il
assiste aux préparatifs faits pour soumettre un vieillard à
l'épreuve du feu, et, de la pointe Ras-Chenaref, atteint
Berguel, en longeant les grandes steppes qui coûrent au
pied des monts Gorali, en traversant les lits des torrents
qui en descendent, Ogate, Fagole et Abaïero, et, en passant par Khor-Abdaham, où il trouve quelques ruines
intéressantes, et par Gorgori. A Berguel, il reconnaît de
nombreux tumuli et les restes d'un camp qu'il croit avoir
été occupé par un de ces peuples ichthyophages dont
parlent Artémidore et Strabon. Après avoir poussé une
pointe sur le littoral jusqu'à Binnah, auprès du Ras-Ali-
Bes-Quel, il regagne le golfe d'Aden en marchant à peu
près de l'est à l'ouest par le mont Goumayo, prolon-
gement de la chaîne du Gorali, laisse au nord, sur sa
droite, les monts Mogor, et débouche par les vallées d'An-
goro et de Modié dans celle du Togouéni ou Khori. Dans
les gorges étroites de Bour-Chérad, il rencontre vivant
sous des entablements de rochers, fermés par des clayon-
nages de branches, de malheureux Bédouins, vrais Troglodytes, aux cheveux démesurément longs, aux yeux
creusés, aux traits tirés par la faim et la maladie. » Après
avoir séjourné quelques jours à Bender-Khor ou Bottiala,
autour de laquelle il cherche quelques vestiges de l'an-
cienne Niloptolemeum, il suit, vers l'est, le littoral du
golfe d'Aden, passe par Dourboh, et rentre, le 25 octobre,
à Merâya, après trente-deux jours d'absence (1).

(1) *La vallée du Darror*, p. 28-84.

M. Révoil ne veut rester que peu de jours à Meráya. Il visite, au pied du Karoma, Aren, qu'il appelle un point charmant, mais où il ne trouve pas les inscriptions dont lui parlaient les indigènes. Il s'apprête à partir pour Bender-Gàzem, mais il a compté sans son *aban*, ou protecteur, Sementar-Osman, et les autres habitants de Meräya, qui cherchent à le retenir par tous les moyens possibles, *tout au moins jusqu'à ce qu'ils aient dévoré les provisions de dattes et de riz qui lui restent*, et atténué ainsi les souffrances d'une faim qui les torture presque continuellement dans ces régions incultes et désolées.

Après bien des pourparlers, il part enfin le 20 novembre, et atteint par mer Bender-Gàzem, qui « est le marché le plus important de la Medjourtine. C'est là que viennent, de l'intérieur, les grandes caravanes d'Ouarsanguélis et de Do!bohantes échanger leurs marchandises. » Il veut pénétrer au sud jusqu'au Darror et aux monts Karkar, mais il y a guerre avec les Dolbohantes, et son départ est retardé. En attendant, il visite Alleyah, village appartenant aux Ouarsanguélis, et où il existe, dit-on, des tumuli. Il traverse les lits du Balada et du Dagâan et rencontre jusqu'à Bender-Ziadah de grandes steppes arides couvertes de plantes de *duffenoud* et *osbolo*. « Les feuilles de ces arbustes absorbent les buées salines de la mer, et les Bédouins en marche, pendant les grosses chaleurs, ont l'habitude d'en tenir quelques fragments dans leur bouche, pour alimenter leur salivation (1). »

A Alleyah, point d'inscriptions, mais des tumuli et

(1) *La vallée du Darror*, p. 99.

deux tours démolies ; M. Révoil se croit en présence de *l'oppidum Gaza*. Il retourne à Bender-Gàzem, visite la source chaude (37°) de Bio-Kololla, et, malgré l'insécurité qui résulte des conflits entre les Medjourtines, les Ouarsanguélis et les Dolbohantes, il part enfin le 18 décembre, et s'enfonce vers le sud, dans la direction du Darror.

Il franchit après Lasdero plusieurs torrents qui se jettent dans le Dagâan, et atteint, entre les monts Almedo à l'ouest et Almescate à l'est, le grand lit de cette rivière qui prend le nom de Karin dans son cours supérieur. Parvenu à la naissance du lit du Karin, il aperçoit au détour d'un mamelon une vallée immense qui court dans le lointain, débouchant de l'ouest au sud des monts Almédo. « C'est celle du Darror, vaste torrent desséché, qui prend naissance aux monts Hadaftémo, chez les Ouarsanguélis, et se déverse dans l'océan Indien, près de Haffoûn. La grande vallée dans laquelle il coule est encaissée entre les monts de Karkar qui se dressent au sud devant nous, et les hautes montagnes d'Almedo et d'Almescate, ces dernières faisant un coude brusque à Tigieh, du sud-est vers l'est » (1).

Un des fils de Noûr Osman, Mohamed Noûr, gouverneur de Bender-Gàzem, se trouve à Tigieh. C'est « un type parfait du Bédouin dans la plus mauvaise acception de ce mot. Grossier, fanatique, il est inaccessible à tout raisonnement, et n'a rien de cette civilisation relative qui rend les relations avec ses oncles et son père possibles, sinon fructueuses » (2).

(1) *La vallée du Darror*, p. 126.
(2) *Ibid.*, p. 128.

Mohamed s'oppose à ce que le voyageur descende plus loin vers le sud ; il donne pour prétexte les dangers qu'il ne manquerait pas de courir. Il ne veut pas davantage qu'il retourne seul à Bender-Gàzem ; il l'accompagnera, dit-il, pour le protéger, mais c'est un coup habilement monté pour profiter de ses provisions. Il faut renoncer à franchir ces montagnes de Karkar, dont la silhouette se profile dans le lointain. Le 27 décembre, M. Révoil rentrait dans Bender-Gàzem. Sans qu'aucun danger réel eût entravé ses efforts, l'opposition systématique d'un chef çomali avait détruit ses espérances.

Il ne renonce pas cependant à ses projets. Il a obtenu l'*aman*, c'est-à-dire l'inviolabilité du *guérad* des Ouarsanguélis ; il se rendra à Lasgoré et tentera de pénétrer dans le sud en passant par leur territoire. Il va préalablement se ravitailler à Aden, et y mettre en sûreté les collections et les documents qu'il a réunis.

Il repart bientôt, passe devant Mahet, tombeau du cheik Esa, près duquel les vieux Çomalis venaient autrefois finir leurs jours, devant Guesiret Burnt ou l'Ile brûlée, toute couverte de guano, devant Archo, et atteint enfin Lasgoré, port principal de la tribu des Ouarsanguélis, à l'embouchure de la Gueldora.

Le guérad Mohamed-Mahmoud est un homme d'une avidité insatiable qui ne consent à laisser partir M. Révoil vers le sud qu'après lui avoir extorqué de nouveaux présents ; il lui impose son frère Hamed-Mahmoud comme aban et guide, et huit de ses frères ou fils pour former l'escorte ; c'est pour sa sûreté, dit-il ; mais, en réalité, son but est de lui faire nourrir une partie de sa famille.

Le voyageur remonte le lit de la Gueldora et atteint Aïrensit où il trouve une végétation luxuriante, ce qui lui fait espérer de rencontrer dans la vallée du Darror une végétation analogue, fécondée par les pluies. Son attente ne tarde pas à être déçue; il ne devait y trouver, comme presque partout dans ses voyages, qu'une affreuse stérilité. Il descend par le lit du Mogor vers le Darror qui, à sec quelques heures auparavant, a été changé par une pluie torrentielle en un torrent impétueux qui roule avec fracas des troncs d'arbres et d'énormes cailloux. Au delà du Darror, il atteint Bar-Ham, où il s'attend à rencontrer le guérad, mais celui-ci est allé camper à Fara-lalé, en plein territoire dolbohante. Vingt-quatre heures de marche le séparent de la vallée du Nogal devant laquelle se dressent les monts Karkar. Mohamed-Mahmoud refuse de le laisser aller plus loin; prières, promesses, rien ne peut triompher de son obstination, et ce n'est qu'après une violente altercation que M. Révoil, dont la vie a été un instant menacée, obtient de retourner à Lasgoré par une autre route, en passant par Rhât et Mana. Il explore en chemin quelques ruines que l'on trouve dans la vallée de Hafdàr, franchit de nouveau les monts Almedo, et après avoir séjourné deux jours à Mana, qui présente de nombreux tumuli, il rentre enfin à Lasgoré, avec la résolution d'en repartir bientôt, et de regagner le Darror en retournant vers l'est chez les Medjourtines.

Il lui fut impossible d'exécuter ce projet. Une excursion tentée dans les vallées de la Sélid et du Mélo le mirent aux prises avec le mêmes difficultés (1).

(1) *La vallée du Darror*, p. 164-234.

Bien convaincu qu'il ne pourrait pas triompher du mauvais vouloir des Ouarsanguélis, découragé par la réception malveillante qu'on lui fit à Durduri, il prit le parti, sitôt revenu à Lasgoré, de retourner à Aden et, de là, en Europe. Il s'embarque le 2 juin sur un boutre, s'arrête dans la crique de Salouine et le petit port de Haïs qui l'intéressent vivement par les trésors ethnographiques que renferment leurs tumuli, et arrive enfin à Aden, après avoir fait en quatorze jours, par une mer des plus mauvaises, une traversée qui, par un bon vent, s'accomplit, au maximum, en quarante-huit heures (1).

Ce qui caractérise avant tout les pays parcourus par M. G. Révoil, c'est une extrême misère. Presque partout le sol est nu, dépouillé; la végétation y est maigre et rare; point de céréales; la seule nourriture de ces peuples, c'est le lait et la chair de leurs troupeaux. Vienne une de ces sécheresses si fréquentes dans cette région, les troupeaux vont chercher des pâturages où ils peuvent en trouver, et les habitants sont réduits à une famine que notre voyageur a constatée dans tous les lieux visités par lui, et qui n'explique que trop l'avidité avec laquelle les malheureux Çomalis convoitaient et se disputaient ses provisions. Etre pillé par eux, c'est le principal danger que M. Révoil a couru, au moins chez les Medjourtines; car si les Ouarsanguélis lui ont témoigné de l'hostilité, les Medjourtines l'ont favorablement accueilli, autant que des gens ignorants et barbares peuvent bien recevoir un homme qui se livre à l'occupation, incompréhensible pour

(1) *La vallée du Darror*, p. 234-283.

eux, d'examiner des ruines, de recueillir des plantes et des insectes, et qu'ils soupçonnent d'être un espion en le voyant faire des levés de terrain et prendre des vues photographiques des lieux qu'il visite.

Telles sont les péripéties par lesquelles est passé M. G. Révoil, auquel n'ont été épargnés, on le voit, ni les ennuis, ni les fatigues, ni les dangers. Il a pu au moins recueillir, au cours de ses voyages, des faits qui importent à l'archéologie et à l'ethnographie de ces régions ; il les a réunis dans un chapitre qui n'est pas le moins intéressant de son ouvrage, et dont je vais donner une analyse rapide (1).

Les observations archéologiques de M. Révoil ont porté sur trois points : 1º des silex taillés; 2º des tumuli ; 3º des ruines.

Les silex taillés affectent les formes les plus grossières et les plus primitives. Comme les bas-reliefs et les peintures du temple Deir-el-Bahari, à l'Assassif, et du tombeau de Rekmara à Scheikh-el-Gournak, offrent les représentations les plus anciennes des habitants du pays de Poun, aujourd'hui le Çomal, et qu'ils nous les montrent en possession des métaux, M. Révoil en conclut que l'âge de pierre fut, dans cette contrée, antérieur au xviiᵉ siècle avant notre ère, âge auquel remontent ces monuments égyptiens.

Les tumuli que notre voyageur a rencontrés dans le cours de ses explorations présentent des formes diverses. « Ce sont des tas de pierres arrondis, parfois

____

(1) *La vallée du Darror*, ch. xii, p. 285-317.

entourés d'un cercle de grosses pierres, ou bien d'une couronne emprisonnée elle-même dans un cercle de grosses pierres. Il s'en trouve qui ont l'aspect d'un petit cratère, comme si la partie supérieure du tas avait été entraînée par une dépression du sol. Ou bien encore ce sont des cubes ou des troncs de pyramides gigantesques, massifs de petits cailloux emprisonnés par des parements de pierres beaucoup plus grosses. Quelquefois ces tas de pierres affectent certaines dispositions bizarres. Ce sont comme des assises d'habitations. D'autres sont de simples couronnes de pierres, avec ou sans pierre levée à côté (1).

M. Révoil a rencontré ces tumuli à Berguel, sur l'océan Indien, lieu qu'il signale tout particulièrement ; à Dadaballo, à Deïlah, à Goumayo, à Dagagnad, à El-Guel, à Bour-Chérad, à Golfi, à Bio-Kololla, dans le lit du Karin, à Massal, chez les Medjourtines, et, chez les Ouarsanguélis, à Alleyah, aux environs de Lasgoré, dans la vallée de Gueldora, sur les sommets d'Aïrensit, de Mana, de Yaffar, dans la vallée du Darror, à Bar-Hâm, à Rhât, à Hafdar.

Il a reconnu à Haïs, dans la tribu des Habar-tel-Jalo, d'autres tumuli d'un caractère spécial ; ce sont les seuls qu'il ait pu explorer, les indigènes s'opposant aux fouilles, qui sont interdites par leurs croyances ou leurs superstitions.

S'appuyant sur un passage d'Artémidore cité par Strabon, il croit que les tumuli de Berguel et quelques autres situés sur la côte ou dans de petites vallées, aux abords des

(1) *La vallée du Darror*, p. 287-288.

sources, sont l'œuvre de populations soit troglodytes, soit ichthyophages.

Il rejette donc la légende des *arouèlo aga heuram* ou tas de pierres des femmes, que l'on raconte ainsi dans le pays. Une reine conquérante aurait, pour mieux assurer sa domination, fait mutiler tous les enfants mâles. A sa mort, les hommes ayant refusé de l'enterrer, les femmes l'ensevelirent *sous un tas de pierres*. Depuis lors, le mauvais génie de cette femme réside dans tous les tumuli construits à l'image de cette antique sépulture, et quand une femme passe auprès d'un de ces tumuli, elle jette une pierre dessus ou à côté, non sans avoir préalablement eu soin d'embrasser le sol et de faire une prière pour conjurer le malin esprit (1).

Les tumuli de Haïs renfermaient, entre autres objets, des émaux, un masque en verre filé, des fragments de poterie, des fibules, des perles. M. de Longpérier a pensé que les poteries émaillées de bleu et de vert et le masque dataient de l'époque des Ptolémées, que d'autres émaux et les poteries rouges appartenaient aux Romains.

Les ruines rencontrées par M. G. Révoil sont : à Alleyah, deux tours carrées revêtues de ciment ; à Olok, des murs de constructions taillées dans le roc, avec des débris d'amphores, de poteries, de meules de moulin en lave ; à Khor-Abdaham, des traces de constructions formées d'apparaux parfaitement assemblés : leur forme ferait croire qu'on est en présence d'un temple.

M. Révoil pense que les ruines d'Olok sont d'origine

(1) *La vallée du Darror*, p. 297.

romaine; celles de Khor-Abdaham lui semblent présenter un caractère grec.

Passant ensuite à l'ethnographie, M. Révoil, se fondant sur les bas-reliefs et les peintures du temple de Deir-el-Bahari et du tombeau de Rekmara, dont il a été parlé plus haut, conclut à l'identité des habitants de Poun et des Çomalis modernes. Il cite comme un fait des plus probants l'existence de la stéatopygie sur deux jeunes filles qu'il a pu photographier, particularité qui défigure à un si haut degré la célèbre reine de Poun.

La disposition de la coiffure, les ornements de la tête et du cou, les peaux de mouton dont s'enveloppent les femmes, lui paraissent analogues aux représentations du bas-relief de Deir-el-Bahari.

Le costume des hommes offre des rapprochements non moins frappants; il en serait de même des armes et des ustensiles; les haches dont se servent les Çomalis, et qu'il a observées principalement vers Brawa et vers l'équateur, dans ses voyages de 1878 et de 1879, ont la forme figurée sur les monuments de Deir-el-Bahari.

M. Révoil n'hésite pas à en conclure que « la population actuelle de l'extrémité orientale de l'Afrique se présente au voyageur à peu près sous le même aspect qui avait si fortement frappé les envoyés de la reine Hathasou, dix-sept cents ans avant notre ère (1). »

L'influence de l'Egypte a cependant modifié en certains points les usages des Çomalis; la hache et le carquois dont ils se servent, semblent reproduire ceux qui étaient employés jadis dans l'armée égyptienne.

(1) *La vallée du Darror*, p. 309.

Le savant voyageur dit que les vestiges de l'occupation par des colonies grecques d'une partie des rivages de la terre çomali sont plus importants que ceux qu'y a laissés le commerce intermittent des Egyptiens. Il croit que les rapports des Çomalis avec les Grecs ont eu pour effet d'élever parfois le type çomali jusqu'au voisinage de ceux qui sont propres aux races les plus élevées dans l'échelle humaine. Il retrouve dans le pagne, espèce de toge dans laquelle se drapent fièrement les naturels, le sayon de Suez (sagum Arsinoeticum), apporté chez eux par les trafiquants grecs. La lance longue, le bouclier, le sabre, l'ordre de combat sur deux rangs, lui rappellent l'antiquité classique, aussi bien que l'attitude des femmes portant en l'air aux funérailles le *doberad* ou brûle-parfum.

La conquête arabe et la prédication de l'islamisme firent disparaître beaucoup de vestiges du séjour des Grecs. Toutefois, les anciens usages prédomineraient encore et la langue elle-même tiendrait moins de l'arabe que de l'égyptien, du grec et du latin.

Telles sont les conclusions que M. Révoil a tirées de ses explorations ; elles ne reposent peut-être pas encore sur des faits assez nombreux et assez importants pour avoir un plein caractère d'évidence ; elles méritent toutefois une sérieuse considération, et M. Révoil, qui poursuit toujours ses recherches, nous montrera lui-même s'il faut les accepter définitivement ou dans quelle mesure elles doivent être modifiées.

Il serait difficile de le suivre dans le coup d'œil d'ensemble qu'il jette, vers la fin de son volume, sur les régions qu'il a parcourues (1). Il y a condensé une foule de détails qu'on ne peut analyser, et qu'il faudrait reproduire textuellement ; force est donc de recourir à l'ouvrage même.

Je dirai seulement qu'il divise le territoire des tribus çomalis qu'il a visitées vers la pointe nord-est de l'Afrique, sur le golfe d'Aden et l'océan Indien, en trois parties : le littoral, où sont les villes ou *Bender* ; les hautes montagnes qui le longent, et l'intérieur, grand plateau couronné aussi par de hautes montagnes, où vivent les nomades avec leurs troupeaux.... Les montagnes sont généralement de formation calcaire... On trouve jusqu'à de très hautes altitudes, dans les monts des Ouarsanguélis surtout, des soulèvements argileux ou crétacés, et certains lieux offrent des traces d'érosions et de soulèvements volcaniques.... C'est au milieu des terrains volcaniques de Ras-el-Hamar que jaillit la source d'eau chaude de Bio-Kololla dont la température moyenne atteint 37°... Il y a dans la région des Ourlebé, au pied même des monts Almedo, des filons de baryte et de plomb argentifère. Point de culture par manque de terre végétale, partout un sol pierreux que la sécheresse transforme en un véritable désert. Dans les grandes steppes de la Medjourtine, on ne voit quelquefois pas un seul arbuste sortir de terre, et leurs grandes plaines recouvertes de cailloux ressemblent à celles de la Crau. Le climat moyen est tempéré.

« Les montagnes de la Medjourtine sont couvertes

(1) *La vallée du Darror*, ch. xiii, xiv et xv, p. 319-382.

d'arbres à gomme et à encens. Rien n'est curieux comme la manière dont croissent les *olibanum*, dont les racines ressemblent à un emplâtre de mastic blanc, collé sur un rocher où l'on ne voit pas cependant la moindre fissure. »

A une certaine altitude, on trouve chez les Ouarsanguélis de grands bois, des espèces variées de lianes et des cactus gigantesques.

Sur le littoral, on rencontre des acacias, des damas, quelques palmiers et caoutchoutiers, des euphorbes arborescents et des aloès.

La fortune des nomades consiste surtout en animaux domestiques, chameau, cheval, âne, bœuf, chèvre et mouton. On trouve des fauves en abondance, tels que le guépard, la hyène, le chien sauvage, le chacal, ainsi que l'antilope et la gazelle. D'ailleurs, la faune et la flore sont pauvres en réalité.

Notre voyageur n'estime pas à plus de 30,000 habitants la population des pays qu'il a visités. Les Çomalis ont des aptitudes pour la navigation. Les *midgans*, qui sont les plus ingénieux des Bédouins, sont adroits à la chasse ; ce sont eux aussi qui pratiquent les opérations ; presque tous habiles rebouteurs, ils savent placer un appareil pour fracture. Les Çomalis emploient comme médicaments ceux que la nature met immédiatement entre leurs mains, c'est-à-dire quelques produits végétaux, le *jallello*, l'écorce pilée du *megad*, la myrrhe, et l'*habakaddi* ou fausse myrrhe, l'encens. C'est avec ces substances, ou par des saignées et des cautérisations au fer rouge, qu'ils traitent les maladies auxquelles ils sont particulièrement sujets: l'ophtalmie, le vitelligo, les affections cutanées, la fièvre.

Malgré leur pauvreté, ils pratiquent assez généreusement l'hospitalité. Ils ne peuvent se marier avant quinze ans, et choisissent librement leurs femmes, qui s'achètent, et dont le prix reste en totalité entre les mains du père. Ils sont polygames, mais le riche seul se procure le luxe de plusieurs femmes. Quoiqu'ils n'aient pas d'instruments de musique, ils chantent sur un ton monotone, mais avec beaucoup de justesse, les légendes de leur pays, qui ne sont pas dépourvues d'originalité. Les femmes ne se voilent pas et circulent librement sur les marchés. M. Révoil ajoute cependant que, devant lui, certaines se cachaient la figure avec la main, laissant les doigts ouverts; d'autres, les femmes des Bédouins, se bouchaient le nez à son approche et ne lui parlaient qu'avec appréhension. Les Çomalis respectent les vieillards et les fous. Leur seule religion est l'islamisme; ils sont fanatiques, mais peu superstitieux.

Les gens de la côte se nourrissent de riz, de dattes, de moutama; les nomades, de laitage et de bétail. En temps de famine, et le cas n'est pas rare en ce malheureux pays, ils mangent des herbages, des baies, comme le *gob* ou le *angel*, des champignons, des racines.

Leurs habitations sont des plus primitives, comme on a pu le voir par la description de celle de Noûr Osman. Les Arabes leur ont appris à construire quelques fortins, généralement en pisé, et qui ont quelque rapport avec nos constructions du moyen âge.

Ils se divisent en trois classes : le *saladin* ou riche propriétaire et fonctionnaire, le *barkelé* ou Bédouin, le *mid-gan*. Il y a peu d'esclaves.

« Les Medjourtines vivent à l'état monarchique, monarchie héréditaire, tout à fait constitutionnelle et limitée. Lorsque le souverain ou sultan est mineur, il est, jusqu'à sa majorité, soumis à la tutelle d'un membre du conseil. Chez les Ouarsanguélis, les Dolbohantes et autres tribus, le chef s'appelle *guérad*. Ce titre est aussi héréditaire, mais n'a, en réalité, aucun prestige. »

Le commerce a encore aujourd'hui peu d'extension dans ces régions, les Çomalis ne sachant point tirer parti de tous les produits de leur pays. C'est à Bender-Gàzem et Lasgoré que se rendent les caravanes venant de Karkar, c'est-à-dire du cœur de la Medjourtine ou du pays des Ouarsanguélis, et celles des Dolbohantes qui apportent surtout des plumes d'autruches. C'est dans ces ports que se rendent les Arabes acheteurs ou Banians, qui expédient ensuite ces marchandises dans les ports de Makallah, de Chiere, d'Aden, de Djeddah et de Bombay.

Les produits d'exportation sont : les gommes, les encens, la myrrhe, le maïdi, les nacres, les perles, les plumes d'autruches, l'*ellan* (indigo), l'écaille, le *subak* ou cuivre fondu, les moutons, les chèvres, les bœufs et les chevaux.

Les marchandises d'importation sont le riz de Bombay, les dattes, les toiles américaines, le *moutama*, les perles, les ambres et un peu de quincaillerie.

Le pays des Çomalis donne d'autres produits qui pourraient entrer dans le commerce d'importation, tels que le *habak-euddé* et le *habak-golalla*, variétés de gommes, le *boô*, espèce de chanvre dont le fruit donne un produit semblable au coton, l'*ascoul*, fibre d'aloès servant à faire des cordes, l'*alet* ou *mourkoud*, gomme grise, l'*addi* ou fausse myrrhe, le *fallah-fallah*, écorce résineuse que les Arabes appellent *habak-droum*, et qui donne un parfum particulier, l'*assel*, écorce pour tanner le cuir et le teindre en marron, le *daár*, teinture violette.

Le pays renferme encore des mines de sel gemme, de fer, de plomb et des gisements de guano.

La monnaie est le *thalari* dont la valeur varie entre 4 fr. 85 et 5 fr. Il est frappé à Trieste par une maison qui en a le monopole, et il a cours sur toute la côte orientale d'Afrique, dans le golfe Persique et en Arabie.

Les poids usités sont : le *réthol*, la *frazella*, le *handar* et le *bohar*; les mesures de capacité : le *goursi* et la *phalea*. Ces poids et ces mesures varient suivant les localités (1).

Le transport par mer des voyageurs et des marchandises se fait à l'aide de *boutres*, dont M. G. Révoil nous présente un tableau fort peu enchanteur : « Rien ne peut, dit-il, donner une idée de ces barques infectes et non pontées. D'une puanteur sans pareille, elles ne permettent aucune installation commode. On sait quand on part, mais point quand on arrive. C'est un peu le fait de tous les bateaux à voiles, et, de plus, les indigènes exigent pour votre passage des sommes exorbitantes (2). »

(1) *La vallée du Darror*, p. 377-380.
(2) *Ibid.*, p. 16.

Des observations astronomiques et météorologiques terminent l'important non moins qu'intéressant ouvrage de M. G. Révoil.

On le voit, les résultats obtenus par notre courageux explorateur ont été considérables. Ils devaient l'encourager à faire d'autres tentatives. Chargé d'une nouvelle mission par M. le Ministre de l'Instruction publique, M. G. Révoil avait formé le projet de traverser l'intérieur du pays des Çomalis en partant de Magadoxo pour gagner Harrar et, de là, la côte du golfe d'Aden.

Parti le 1er mai 1883 de Zanzibar, dont le sultan lui était favorable, il arriva le 14 mai à Magadoxo, où il dut négocier longtemps avant d'obtenir du cheik des Gobrons l'autorisation de gagner Guélidi. Omar Yoûsef, tel est le nom de ce personnage, est le digne successeur de son frère, Ahmed Yoûsef, qui fit empoisonner, il y a une vingtaine d'années, le voyageur Kinzelbach. « Assez âgé, il vit dans une misérable hutte, où il est confiné par une plaie incurable à la jambe. Il observe le jeûne diurne depuis de longues années, et passe une partie de la nuit en prières (1). » Ce saint homme n'a pas hésité pourtant à dépouiller M. G. Révoil de ses ressources par les exigences les plus inqualifiables et à tenter de le faire assassiner. Mais c'est sans doute œuvre pie, bien agréable à Allah et à son prophète, que de voler et d'égorger un Français et un chrétien. Les voyageurs ont aujourd'hui tout à redouter de la recrudescence de fanatisme que les

(1) Lettre de M. Paul Révoil ; compte-rendu des séances de la Commission centrale de la Société de Géographie de Paris, 9 novembre 1883, p. 505.

succès du Mahdi dans le Darfour ont développée chez les musulmans. Après s'être vu extorquer une partie de ce qu'il possédait, M. G. Révoil a obtenu la permission de quitter Guélidi pour se diriger vers Gananeh. Volé dès son départ, qui eut lieu le 14 novembre, menacé par les populations des lieux qu'il traversait, ayant tout à craindre d'une escorte qu'Omar Yoûsef avait composée de misérables n'attendant qu'une occasion de le dépouiller et de le tuer, notre malheureux compatriote, après avoir failli être poignardé par quatre de ses chameliers, dut revenir à Guélidi, dont il trouva les habitants excités contre lui par la perfidie du cheik. Il fut obligé de quitter de nuit cette ville en abandonnant encore une partie de son équipement et de ses bagages, et de rentrer, le 10 décembre, à Magadoxo, avec son fidèle compagnon, Julian Teissère.

M. G. Révoil a donc échoué dans sa tentative; mais faut-il croire pour cela que son voyage aura été sans profit pour la science? Ecoutons ce que disait sur ce point un excellent juge, M. H. Duveyrier, dans une communication faite le 7 mars dernier à la Société de Géographie de Paris :

« Il y a deux manières de juger un explorateur. On peut se demander, a-t-il fait tout ce qu'il pouvait? Oui, M. Révoil a fait tout ce qu'il pouvait, lui, c'est-à-dire beaucoup plus que n'aurait fait tout autre Européen dans ce même milieu. On peut se demander encore : les fruits de ses travaux compenseront-ils la dépense qu'il a faite? Eh bien ! là aussi, la réponse sera affirmative. Mettant à part le bagage d'observations et de notions nouvelles qui sont dans les carnets de M. Révoil, ses riches collections ethnographiques et archéologiques, ses non moins riches collections d'histoire naturelle, qui sont déjà, ou qui iront au Musée du Trocadéro et au Muséum, forment plus que l'équivalent des frais de sa mission (1). »

Nous n'avons rien à ajouter à ces paroles si justes de M. H. Duveyrier, rien que l'expression de notre profonde sympathie pour un courageux et savant compatriote si cruellement éprouvé, et de nos vœux ardents pour le succès des nouvelles explorations qu'il ne manquera pas de tenter. Puissions-nous le voir revenir en France avec une ample moisson de découvertes; nous serions heureux s'il nous donnait encore la faveur d'entendre sa parole chaude et animée, et plus d'un membre de la Société normande de Géographie, aussi impatient que la Dinarzade des *Mille et une Nuits*, s'empresserait de lui dire : « Monsieur Révoil, faites-nous donc un de ces récits de voyages que vous faites si bien. (2) »

15 mai 1884.

(1) Compte rendu des séances de la Commission centrale de la Société de Géographie de Paris, 7 mars 1884, p. 177.

(2) Ce travail était composé quand nous avons reçu les épreuves du récit que vient de faire M. G. Révoil de son nouveau *Voyage au pays des Çomalis*, devant la Société de géographie de Paris. Ce récit confirme et développe les faits déjà racontés par M. Paul Révoil et par M. H. Duveyrier. — 2 août 1884.

79

www.ingramcontent.com/pod-product-compliance
Lightning Source LLC
Chambersburg PA
CBHW051345060726
47596CB00004B/1782